This PUZZLE belongs to:

____

____

INDEX

Birds

K	P	E	A	K	I	L	F	U	Z	H	O	Z	T	S
K	B	V	Y	P	W	D	E	O	T	A	A	L	Q	C
R	S	O	B	Y	E	A	F	I	Z	E	G	N	I	W
O	K	D	P	A	T	A	H	Q	T	W	W	F	R	I
T	X	G	S	U	A	A	C	S	O	A	L	O	G	B
S	A	N	D	N	R	T	G	O	I	Y	K	R	J	U
E	N	I	Z	X	N	P	D	Q	C	R	E	C	D	V
T	U	N	S	J	P	D	L	A	C	K	R	R	O	S
I	T	R	P	P	U	H	T	E	C	A	I	A	N	C
H	H	U	L	C	I	C	S	E	M	B	N	O	H	D
W	A	O	K	E	H	G	P	S	F	A	W	A	J	V
M	T	M	M	E	A	D	E	R	W	B	R	O	R	M
Z	C	M	R	U	O	S	U	O	I	I	W	T	H	Y
X	H	H	W	O	M	S	H	R	N	N	F	I	I	V
S	B	G	W	T	W	E	D	K	R	M	U	T	R	N

1. Canary	10. Cockatiel
2. Flycatcher	11. Harris hawk
3. Leash	12. Mourning dove
4. Nuthatch	13. Peacock
5. Pigeon	14. Purple martin
6. Snow bird	15. Surfbird
7. Swift	16. White stork
8. Wing	17. Wood duck
9. Woodpecker	18. Emu

3

Birds

R	Q	W	H	O	O	P	I	N	G	C	R	A	N	E
S	V	M	T	J	U	L	P	H	O	E	B	E	S	H
B	T	A	L	F	Q	Y	A	L	M	O	C	A	A	T
G	W	A	F	R	E	D	K	I	T	E	H	G	K	T
K	D	I	R	P	Y	E	M	F	E	Q	C	C	R	R
C	N	R	V	L	E	D	U	C	K	X	T	E	T	E
S	O	K	I	C	I	R	Q	R	C	T	A	S	W	V
C	R	C	H	B	H	N	E	W	J	H	H	S	O	O
B	J	O	K	Q	W	I	G	G	H	P	T	T	R	L
R	U	A	B	A	G	O	C	K	R	C	U	R	R	P
G	V	Z	J	I	T	H	N	K	W	I	N	W	A	E
O	V	E	Z	Z	N	O	M	S	A	U	N	T	P	F
O	N	D	B	A	W	N	O	T	M	D	D	E	S	R
S	V	P	A	R	R	O	T	E	P	T	E	F	H	Q
E	K	P	P	C	G	D	D	V	F	P	Z	E	G	W

1. Buzzard	10. Chickadee
2. Cockatoo	11. Duck
3. Emu	12. Nuthatch
4. Parrot	13. Peregrine
5. Phoebe	14. Plover
6. Puffin	15. Red kite
7. Robin	16. Snow bird
8. Sparrow	17. Starling
9. Whooping crane	18. Goose

4

Birds

N	I	T	R	A	M	E	L	P	R	U	P	C	H	N
L	M	Q	N	I	G	H	T	I	N	G	A	L	E	A
I	E	Q	R	E	V	O	H	R	P	Q	O	D	K	O
E	Z	V	A	B	O	B	O	L	I	N	K	R	R	Q
H	E	S	O	O	G	O	N	H	Q	H	C	I	A	H
K	I	B	L	D	S	N	E	J	W	C	O	B	L	B
M	W	Z	U	T	S	H	I	H	Z	N	N	Y	L	B
T	C	A	E	N	M	W	I	T	M	I	D	R	K	U
X	U	R	H	Q	T	T	I	U	X	F	O	A	A	Z
S	A	R	W	O	E	I	N	F	Z	A	R	T	J	S
C	F	I	K	S	C	O	N	G	T	R	N	E	X	R
R	N	T	T	E	C	O	Y	G	J	B	G	R	Q	W
G	W	O	C	L	Y	U	G	Q	C	E	Z	C	I	A
J	R	U	A	P	D	Q	H	R	M	Z	R	E	O	Y
K	J	F	L	E	F	Z	E	W	P	X	P	S	C	F

1. Bobolink	10. Bunting
2. Condor	11. Dove
3. Falcon	12. Goose
4. Hawk	13. Hover
5. Lark	14. Nightingale
6. Purple martin	15. Secretary bird
7. Swift	16. Turkey
8. White stork	17. Wing
9. Zebra finch	18. Rooster

Birds

P	X	P	E	L	I	C	A	N	Y	P	S	D	Y	K
A	G	S	V	U	Y	Y	S	M	E	H	C	Y	R	L
M	F	G	C	C	R	U	K	N	R	C	M	U	R	L
C	O	N	D	O	R	W	G	A	Z	N	B	M	P	U
O	X	S	B	R	A	U	P	F	V	I	U	Q	A	G
Y	K	W	K	A	I	H	M	L	I	F	N	B	R	M
Y	V	A	N	N	E	B	A	K	S	N	T	L	A	L
I	C	O	E	A	O	N	N	N	K	E	I	A	K	O
W	Z	F	S	B	I	O	O	U	H	E	N	C	E	E
U	W	A	N	D	S	L	K	B	S	R	G	K	E	T
O	N	Z	R	Y	A	O	T	C	N	G	W	B	T	I
T	I	A	J	T	Y	J	R	Y	U	I	I	I	R	K
A	C	L	V	W	Z	T	A	G	K	C	N	R	C	F
U	T	L	K	A	R	K	X	Y	A	A	G	D	E	Z
N	F	E	V	O	D	G	N	I	N	R	U	O	M	P

1. Blackbird	10. Bunting
2. Cardinal	11. Condor
3. Cuckoo	12. Green finch
4. Grosbeak	13. Gull
5. Jay	14. Kite
6. Mourning dove	15. Parakeet
7. Pelican	16. Penguin
8. Sunbird	17. Talon
9. Wing	18. Pheasant

6

Birds

T	M	H	X	G	O	L	D	F	L	I	N	C	H	M
E	S	M	C	P	Y	B	A	L	D	E	A	G	L	E
N	E	H	K	R	B	N	O	R	E	H	E	U	L	B
B	C	F	W	H	O	G	B	D	R	L	Z	I	F	A
Y	R	M	A	K	M	W	S	N	R	H	P	L	R	E
D	E	L	H	N	C	S	U	V	N	K	M	E	E	L
T	T	J	D	K	C	U	P	K	H	F	V	Q	D	A
O	A	V	E	A	G	D	D	C	T	O	I	U	O	G
S	R	L	L	E	N	K	N	D	H	K	D	A	V	N
T	Y	B	I	B	Y	I	C	E	O	H	T	I	O	I
E	B	U	A	S	F	D	C	O	B	O	Z	L	X	T
R	I	K	T	O	K	L	M	V	C	E	W	S	O	H
I	R	U	D	R	F	B	O	E	Y	A	O	I	W	G
C	D	G	E	G	N	J	H	O	A	L	E	H	L	I
H	G	C	R	O	T	P	A	R	B	S	E	P	P	N

1. Bald eagle	10. Blue heron
2. Crow	11. Finch
3. Goldflinch	12. Grosbeak
4. Hen	13. Hover
5. Nightingale	14. Osterich
6. Owl	15. Peacock
7. Phoebe	16. Quail
8. Raptor	17. Red tailed hawk
9. Wood duck	18. Secretary bird

Birds

V	V	F	H	P	I	L	T	O	R	R	A	P	J	U
L	B	A	L	U	X	K	O	Z	D	A	P	K	T	D
M	M	X	L	Y	X	D	V	G	H	Q	W	J	E	U
L	B	T	G	R	C	Y	J	C	N	A	O	L	E	R
K	U	Q	L	H	E	A	N	D	H	I	G	K	E	Z
E	W	C	P	R	V	I	T	D	E	A	M	G	W	R
I	A	A	P	W	F	R	E	C	E	B	A	A	E	D
P	U	S	H	A	D	L	E	D	H	N	X	D	L	N
G	O	R	R	S	I	R	L	D	A	E	H	U	E	F
A	N	B	O	A	I	A	I	T	P	E	R	P	T	V
M	E	O	T	B	B	R	P	B	A	O	M	R	I	T
Z	L	D	E	J	I	Q	R	D	E	S	L	J	K	K
R	E	H	V	G	C	N	W	A	R	U	P	L	D	E
R	S	U	N	B	I	R	D	N	H	S	L	I	E	K
F	L	J	P	A	D	P	H	C	N	I	F	B	R	A

1. Bald eagle	10. Blue bird
2. Flamingo	11. Flycatcher
3. Harris hawk	12. Magpie
4. Osprey	13. Parrot
5. Pigeon	14. Red kite
6. Red tailed hawk	15. Redhead
7. Redpoll	16. Robin
8. Sunbird	17. Tanager
9. Zebra finch	18. Finch

Birds

J	K	F	I	N	C	H	K	J	F	W	H	P	K	D
E	R	I	G	D	E	H	C	E	Y	K	A	O	R	R
W	D	H	E	A	R	F	R	L	S	R	X	J	O	I
P	Y	L	B	L	G	A	G	Q	R	T	M	N	T	B
G	H	L	L	L	D	R	Z	O	W	Y	R	Y	S	Y
V	N	O	N	S	U	E	T	Z	X	Z	D	E	R	R
P	O	F	E	O	Y	E	R	L	U	P	J	X	L	A
N	N	T	E	B	R	P	B	S	A	B	Y	X	W	T
Z	K	R	X	Y	E	E	V	I	O	R	I	O	L	E
F	S	H	V	I	F	W	H	W	R	S	C	G	K	R
A	T	E	E	K	A	R	A	P	L	D	R	W	J	C
N	S	M	O	U	R	N	I	N	G	D	O	V	E	E
R	E	P	I	P	D	N	A	S	Y	E	W	U	Y	S
J	O	K	W	A	H	S	I	R	R	A	H	O	H	C
K	B	L	U	E	H	E	R	O	N	S	P	F	M	K

1. Blue bird	10. Blue heron
2. Buzzard	11. Crow
3. Finch	12. Harris hawk
4. Heron	13. Kestrel
5. Kielder	14. Loon
6. Mourning dove	15. Oriole
7. Parakeet	16. Parrot
8. Phoebe	17. Secretary bird
9. Stork	18. Sandpiper

Birds

H	O	L	H	U	K	I	P	S	E	A	G	U	L	L
R	D	R	I	B	N	U	S	H	X	J	V	X	R	O
P	E	P	T	W	K	I	Y	Y	E	E	C	E	A	R
T	R	V	Q	Z	V	B	C	N	Q	A	W	D	V	I
O	D	O	O	S	T	R	I	C	H	X	S	L	E	O
R	R	P	D	L	V	U	L	T	U	R	E	A	N	L
R	I	F	Y	N	P	N	E	K	C	I	H	C	N	E
A	B	D	Z	T	O	B	T	N	Q	F	Q	B	Y	T
P	G	R	O	G	V	C	I	L	P	E	O	D	Y	J
R	N	C	T	E	I	U	U	I	M	P	R	K	F	F
E	I	L	A	T	G	K	G	B	U	Z	Z	A	R	D
K	M	K	M	N	H	E	C	U	X	S	B	K	U	E
A	M	P	E	N	O	N	W	U	Q	E	C	S	P	O
U	U	P	Q	N	O	Z	J	D	D	W	J	H	R	J
Q	H	N	L	F	D	R	E	P	I	P	D	N	A	S

1. Buzzard	10. Chicken
2. Condor	11. Duck
3. Hood	12. Humming bird
4. Oriole	13. Ostrich
5. Penguin	14. Pheasant
6. Pigeon	15. Quakerparrot
7. Raven	16. Sandpiper
8. Seagull	17. Sunbird
9. Vulture	18. Plover

Birds

M	M	O	E	N	H	E	S	O	O	G	D	M	U	J
Q	J	R	L	E	R	Z	W	A	Z	O	S	X	T	H
I	E	E	G	L	N	E	U	D	P	W	G	B	O	B
M	L	K	A	B	J	I	G	N	Q	U	O	O	E	G
H	A	C	E	S	M	S	R	A	T	K	D	A	G	H
J	G	E	D	D	R	I	B	G	N	I	K	C	O	M
N	N	P	L	P	R	D	Y	X	E	A	S	N	L	N
Z	I	D	A	C	M	I	D	E	J	R	T	A	D	U
U	T	O	B	V	A	Y	K	N	K	U	E	Z	E	T
F	H	O	U	H	F	R	N	I	O	W	K	P	N	H
A	G	W	F	X	N	D	D	A	P	O	V	R	E	A
L	I	E	D	M	H	X	U	I	H	R	L	D	A	T
C	N	F	K	R	O	T	S	T	N	C	Q	X	G	C
O	T	O	R	R	A	P	R	E	K	A	U	Q	L	H
N	Z	E	B	R	A	F	I	N	C	H	L	N	E	W

1. Bald eagle	10. Cardinal
2. Crow	11. Falcon
3. Goose	12. Hood
4. Loon	13. Mockingbird
5. Mynah	14. Nightingale
6. Nuthatch	15. Peregrine
7. Quakerparrot	16. Stork
8. Tanager	17. Woodpecker
9. Zebra finch	18. Golden eagle

11

Birds

C	Q	E	S	O	O	G	E	A	G	O	U	K	T	F
L	F	L	A	M	I	N	G	O	O	X	C	C	P	H
F	A	L	C	O	N	K	F	U	L	U	B	L	Z	M
Q	Y	W	V	U	Z	Z	R	D	D	E	L	W	W	H
L	Z	T	H	I	V	M	X	D	F	R	U	O	O	I
O	V	T	W	C	O	T	R	B	L	U	E	T	O	Y
R	O	V	K	U	I	A	C	R	I	T	H	K	D	W
R	V	T	P	E	L	R	N	Z	N	L	E	F	P	O
S	E	M	A	L	S	U	E	S	C	U	R	D	E	O
X	V	D	A	K	T	T	U	T	H	V	O	X	C	D
N	G	M	P	H	C	N	R	V	S	D	N	N	K	D
I	W	I	A	O	B	O	H	E	B	O	A	T	E	U
D	O	T	A	I	L	N	C	Y	L	W	P	C	R	C
C	C	R	R	U	Y	L	N	A	S	W	D	A	F	K
H	U	D	S	P	A	R	R	O	W	H	A	W	K	K

1. Blue heron	10. Cockatoo
2. Falcon	11. Flamingo
3. Goldflinch	12. Goose
4. Kestrel	13. Mallard duck
5. Nuthatch	14. Osterich
6. Owl	15. Redpoll
7. Sparrow hawk	16. Sunbird
8. Swan	17. Vulture
9. Wood duck	18. Woodpecker

Dogs

D	D	R	E	H	P	E	H	S	N	A	M	R	E	G	
N	E	W	F	O	L	K	T	E	R	R	I	E	R	H	
A	F	Z	T	I	P	S	H	S	I	N	N	I	F	T	
L	E	I	N	A	P	S	D	L	E	I	F	R	N	Q	
D	T	R	K	R	Y	N	A	T	T	I	R	B	D	D	
N	E	D	N	U	O	H	Y	E	R	G	X	D	N	D	
U	K	O	M	O	N	D	O	R	C	J	M	C	U	V	
O	R	C	E	I	L	L	O	C	R	E	D	R	O	B	
F	R	E	N	C	H	B	U	L	L	D	O	G	H	N	
W	K	R	P	O	M	E	R	A	N	I	A	N	N	E	
E	B	D	I	L	C	V	Y	K	G	G	K	E	A	H	
N	C	W	E	L	D	O	O	P	B	V	O	A	H	C	
H	A	R	R	I	E	R	S	X	K	N	E	R	G	W	
L	I	H	R	E	S	E	G	N	I	K	E	P	F	O	
R	E	L	T	T	E	S	H	S	I	R	I	D	A	L	

1. Afghan hound	10. Border collie
2. Brittany	11. Collie
3. Field spaniel	12. Finnish spitz
4. French bulldog	13. German shepherd
5. Greyhound	14. Harrier
6. Irish settler	15. Komondor
7. Lowchen	16. Newfolk terrier
8. Pekingese	17. Pomeranian
9. Poodle	18. Newfoundland

Dogs

J	A	P	A	N	E	S	E	C	H	I	N	S	G	L
R	E	I	R	R	E	T	X	O	F	Y	O	T	E	N
H	J	I	R	I	S	H	T	E	R	R	I	E	R	O
F	F	F	I	T	S	A	M	T	U	M	U	S	M	R
L	N	A	I	N	A	R	E	M	O	P	N	M	A	W
C	H	C	H	O	W	C	H	O	W	F	F	P	N	I
J	H	A	K	U	T	U	E	I	L	L	O	C	S	C
N	R	I	S	T	O	T	Z	S	E	J	N	F	H	H
M	V	J	H	A	H	K	E	T	N	J	J	V	E	T
A	X	E	X	U	A	A	P	R	H	O	L	S	P	E
L	D	T	W	X	A	P	R	O	H	I	A	E	H	R
T	P	U	D	C	A	H	S	R	O	O	H	R	E	R
E	P	Q	J	V	S	D	U	O	I	D	U	S	R	I
S	K	R	R	A	N	T	I	A	L	E	L	N	D	E
E	E	S	E	G	N	I	K	E	P	I	R	E	D	R

1. Chihuahua	10. Collie
2. Fox terrier	11. German shepherd
3. Harrier	12. Irish terrier
4. Japanese chin	13. Lhasa apso
5. Maltese	14. Mastiff
6. Norwich terrier	15. Otter hound
7. Pekingese	16. Pomeranian
8. Poodle	17. Shih-tzu
9. Toy fox terrier	18. Chow chow

Dogs

I	R	I	S	H	T	E	R	R	I	E	R	O	R	P
S	K	E	S	E	S	I	R	F	N	O	H	C	I	B
M	R	E	I	R	R	E	T	X	O	F	Y	O	T	W
C	P	Y	I	R	I	S	H	S	E	T	T	L	E	R
H	R	E	I	R	R	E	T	K	L	O	F	W	E	N
I	Z	Z	J	A	P	A	N	E	S	E	C	H	I	N
H	O	M	Z	X	N	E	H	C	W	O	L	G	V	N
U	D	S	E	I	L	L	O	C	R	E	D	R	O	B
A	M	N	P	K	M	X	D	Y	G	S	I	E	P	M
H	D	A	U	A	U	X	S	P	Z	E	S	Y	O	C
U	M	T	S	S	A	V	H	Z	A	T	I	H	O	X
A	V	B	T	T	H	S	A	G	Q	L	G	O	D	V
F	U	G	N	C	I	C	A	S	W	A	D	U	L	Z
B	M	D	U	W	D	F	A	H	Z	M	O	N	E	M
Z	Y	W	S	P	D	I	F	D	L	L	U	D	U	B

1. Bichon frise	10. Border collie
2. Chihuahua	11. Dachsund
3. Greyhound	12. Harrier
4. Irish settler	13. Irish terrier
5. Japanese chin	14. Kuvasz
6. Lhasa apso	15. Maltese
7. Mastiff	16. Newfolk terrier
8. Poodle	17. Pug
9. Toy fox terrier	18. Lowchen

Dogs

L	N	J	N	R	R	D	N	N	G	N	Y	A	U	N
G	V	A	A	E	E	N	G	E	O	E	W	I	L	E
E	M	P	F	L	I	U	V	W	D	H	T	R	E	W
R	S	A	G	T	R	O	E	F	L	C	V	E	I	F
M	B	N	H	T	R	H	S	O	L	W	N	I	N	O
A	I	E	A	E	E	R	E	U	U	O	Z	R	A	L
N	C	S	N	S	T	E	G	N	B	L	K	R	P	K
S	H	E	H	H	H	T	N	D	H	H	O	E	S	T
H	O	C	O	S	S	T	I	L	C	N	M	T	R	E
E	N	H	U	I	I	O	K	A	N	S	O	X	E	R
P	F	I	N	R	R	S	E	N	E	E	N	O	K	R
H	R	N	D	I	I	V	P	D	R	F	D	F	C	I
E	I	M	A	S	T	I	F	F	F	A	O	Y	O	E
R	S	O	S	P	A	A	S	A	H	L	R	O	C	R
D	E	H	C	H	I	H	U	A	H	U	A	T	F	T

1. Afghan hound	10. Bichon frise
2. Chihuahua	11. Cocker spaniel
3. French bulldog	12. German shepherd
4. Irish settler	13. Irish terrier
5. Japanese chin	14. Komondor
6. Lhasa apso	15. Lowchen
7. Mastiff	16. Newfolk terrier
8. Newfoundland	17. Pekingese
9. Toy fox terrier	18. Otter hound

Dogs

N	M	A	N	L	G	L	M	C	N	N	E	A	N	B
R	A	F	A	Q	O	E	H	X	I	H	I	H	E	C
E	L	G	I	P	D	I	I	D	H	A	L	Q	W	L
L	T	H	N	R	L	N	Q	B	C	R	L	V	F	O
T	E	A	A	O	L	A	M	C	E	R	O	D	O	W
T	S	N	R	D	U	P	A	H	S	I	C	N	L	C
E	E	H	E	N	B	S	S	I	E	E	R	U	K	H
S	F	O	M	O	H	R	T	H	N	R	E	O	T	E
H	Z	U	O	M	C	E	I	U	A	P	D	H	E	N
S	C	N	P	O	N	K	F	A	P	K	R	R	R	N
I	B	D	L	K	E	C	F	H	A	Q	O	E	R	D
R	Z	L	S	I	R	O	I	U	J	P	B	T	I	B
I	I	T	G	E	F	C	A	A	A	V	Y	T	E	C
E	R	E	I	R	R	E	T	X	O	F	U	O	R	P
E	U	X	L	E	I	N	A	P	S	D	L	E	I	F

1. Afghan hound	10. Border collie
2. Chihuahua	11. Cocker spaniel
3. Collie	12. Field spaniel
4. Fox terrier	13. French bulldog
5. Harrier	14. Irish settler
6. Komondor	15. Lowchen
7. Maltese	16. Mastiff
8. Newfolk terrier	17. Otter hound
9. Pomeranian	18. Japanese chin

Dogs

E	G	O	D	L	L	U	B	H	C	N	E	R	F	E
P	U	G	A	Q	I	L	Q	L	D	E	F	M	N	T
T	W	W	C	M	B	F	C	E	F	W	H	J	E	O
J	J	W	H	A	O	I	T	I	I	F	K	H	W	Y
O	A	E	S	L	R	A	M	N	N	O	S	A	F	F
P	K	S	U	T	D	F	I	A	N	L	E	R	O	O
O	E	E	N	E	E	G	F	P	I	K	J	R	U	X
O	E	N	D	S	R	H	C	S	S	T	S	I	N	T
D	S	A	C	E	C	A	O	D	H	E	H	E	D	E
L	H	V	B	I	O	N	X	L	S	R	I	R	L	R
E	O	A	M	P	L	H	N	E	P	R	H	K	A	R
F	N	H	Q	L	L	O	I	I	I	I	T	E	N	I
U	D	H	Y	H	I	U	H	F	T	E	Z	N	D	E
L	O	W	C	H	E	N	D	Q	Z	R	U	U	S	R
S	U	S	E	X	M	D	Y	N	A	T	T	I	R	B

1. Afghan hound	10. Border collie
2. Brittany	11. Dachsund
3. Field spaniel	12. Finnish spitz
4. French bulldog	13. Havanese
5. Keeshond	14. Lowchen
6. Maltese	15. Newfolk terrier
7. Newfoundland	16. Poodle
8. Pug	17. Shih-tzu
9. Toy fox terrier	18. Harrier

18

Dogs

R	E	I	R	R	E	T	K	L	O	F	W	E	N	K
L	E	I	N	A	P	S	R	E	K	C	O	C	F	H
F	I	E	L	D	S	P	A	N	I	E	L	O	C	C
N	E	R	L	M	P	F	E	F	I	Y	X	O	P	Z
I	S	E	Y	A	G	S	K	S	Z	T	L	J	E	R
H	E	I	N	S	U	R	M	Z	E	L	W	G	A	E
C	T	R	A	T	P	D	K	R	I	N	U	G	H	I
E	L	R	T	I	V	Z	R	E	S	P	A	I	I	R
S	A	E	T	F	M	I	N	P	H	Q	N	V	V	R
E	M	T	I	F	E	L	E	W	J	V	C	A	A	A
N	Q	H	R	R	O	C	H	O	W	C	H	O	W	H
A	G	S	B	P	Z	N	E	L	D	O	O	P	R	B
P	Z	I	U	C	V	A	U	H	A	U	H	I	H	C
A	E	R	E	I	R	R	E	T	Y	K	L	I	S	S
J	Y	I	R	I	S	H	S	E	T	T	L	E	R	I

1. Brittany	10. Chihuahua
2. Chow chow	11. Cocker spaniel
3. Collie	12. Field spaniel
4. Fox terrier	13. Harrier
5. Havanese	14. Irish terrier
6. Japanese chin	15. Maltese
7. Mastiff	16. Newfolk terrier
8. Poodle	17. Pug
9. Silky terrier	18. Irish setter

Dogs

F	R	E	I	R	R	E	T	H	S	I	R	I	B	R
I	S	I	L	K	Y	T	E	R	R	I	E	R	R	A
E	E	U	T	R	O	B	E	I	L	L	O	C	I	S
L	A	F	G	H	A	N	H	O	U	N	D	B	T	L
D	V	A	U	H	A	U	H	I	H	C	M	Q	T	R
S	L	R	O	D	N	O	M	O	K	T	V	V	A	W
P	Y	R	F	B	M	A	S	T	I	F	F	F	N	D
A	S	V	K	K	K	E	E	S	H	O	N	D	Y	A
N	X	Z	V	O	T	T	E	R	H	O	U	N	D	L
I	G	O	D	L	L	U	B	H	C	N	E	R	F	M
E	T	O	Y	F	O	X	T	E	R	R	I	E	R	A
L	N	I	H	C	E	S	E	N	A	P	A	J	F	T
D	R	E	H	P	E	H	S	N	A	M	R	E	G	I
N	E	W	F	O	U	N	D	L	A	N	D	L	O	O
R	E	L	T	T	E	S	H	S	I	R	I	A	M	N

1. Afghan hound	10. Brittany
2. Chihuahua	11. Collie
3. Dalmation	12. Field spaniel
4. French bulldog	13. German shepherd
5. Irish settler	14. Irish terrier
6. Japanese chin	15. Keeshond
7. Komondor	16. Newfoundland
8. Otter hound	17. Silky terrier
9. Toy fox terrier	18. Mastiff

Dogs

V	G	E	R	M	A	N	S	H	E	P	H	E	R	D
Z	J	L	E	I	N	A	P	S	D	L	E	I	F	G
R	T	B	O	R	D	E	R	C	O	L	L	I	E	N
E	L	I	H	L	H	A	S	A	A	P	S	O	D	I
I	A	K	P	W	O	H	C	W	O	H	C	A	P	H
R	V	F	T	S	L	N	F	U	V	A	C	N	E	C
R	E	G	G	C	H	F	H	Z	L	H	F	A	K	E
E	B	S	I	H	I	S	S	F	S	X	S	I	I	S
T	J	Y	E	T	A	A	I	U	P	H	Z	N	N	E
H	O	O	S	T	V	N	N	N	I	U	W	A	G	N
S	V	A	F	U	L	D	H	H	N	M	G	R	E	A
I	M	O	K	X	P	A	T	O	O	I	X	E	S	P
R	L	H	K	R	C	Z	M	P	U	B	F	M	E	A
I	C	H	I	H	U	A	H	U	A	N	L	O	X	J
E	E	Q	R	O	D	N	O	M	O	K	D	P	L	P

1. Afghan hound	10. Border collie
2. Chihuahua	11. Chow chow
3. Dachsund	12. Field spaniel
4. Finnish spitz	13. German shepherd
5. Irish terrier	14. Japanese chin
6. Komondor	15. Kuvasz
7. Lhasa apso	16. Maltese
8. Pekingese	17. Pomeranian
9. Shih-tzu	18. Mastiff

Dogs

F	F	R	E	I	R	R	E	T	X	O	F	Y	O	T
R	Z	T	I	P	S	H	S	I	N	N	I	F	F	C
E	N	A	I	N	A	R	E	M	O	P	A	C	G	Z
L	R	E	I	R	R	E	T	H	S	I	R	I	R	T
T	G	L	E	G	K	E	E	S	H	O	N	D	E	Z
T	M	R	O	I	W	O	H	C	W	O	H	C	I	B
E	D	A	E	W	L	J	R	A	K	V	N	I	R	X
S	N	E	S	Y	C	L	J	N	B	E	O	I	R	S
H	U	S	J	T	H	H	O	T	M	T	T	Z	E	H
S	S	E	Q	W	I	O	E	C	D	T	M	A	T	I
I	H	T	L	C	L	F	U	N	A	N	A	P	Y	H
R	C	L	A	D	G	S	F	N	U	P	K	H	K	T
I	A	A	E	H	D	S	Y	G	D	J	Z	W	L	Z
P	D	M	F	O	X	T	E	R	R	I	E	R	I	U
D	M	W	P	L	H	A	S	A	A	P	S	O	S	H

1. Brittany	10. Chow chow
2. Collie	11. Dachsund
3. Finnish spitz	12. Fox terrier
4. Greyhound	13. Irish settler
5. Irish terrier	14. Keeshond
6. Lhasa apso	15. Lowchen
7. Maltese	16. Mastiff
8. Shih-tzu	17. Silky terrier
9. Toy fox terrier	18. Pomeranian

Sharks

B	F	J	S	P	I	N	Y	D	O	G	F	I	S	H
I	W	U	D	Q	K	R	A	H	S	H	I	V	V	J
U	T	H	R	E	S	H	E	R	B	I	N	Y	B	M
R	N	I	L	B	O	G	W	U	D	T	S	A	E	N
L	F	F	F	P	Z	U	L	P	I	A	S	G	D	U
R	E	J	J	N	Y	L	E	G	N	K	A	H	G	R
D	K	M	K	E	S	M	E	G	I	M	J	W	R	S
O	R	I	O	H	W	R	L	N	O	I	S	R	E	E
L	U	G	A	N	S	E	G	U	T	D	A	Z	A	S
R	D	R	T	H	S	S	T	B	E	A	N	D	T	H
Y	K	N	A	H	H	H	B	N	P	S	D	S	W	A
K	H	R	A	A	B	V	A	Y	U	P	B	I	H	R
S	K	R	R	A	L	C	T	R	Q	X	A	L	I	K
U	K	K	M	A	K	O	H	I	K	G	R	K	T	R
D	K	B	F	J	D	R	O	P	A	E	L	Y	E	P

1. Angleshark	10. Basking shark
2. Bullshark	11. Dusky
3. Fins	12. Goblin
4. Greatwhite	13. Leapord
5. Lemon shark	14. Mako
6. Megamouth	15. Nurse shark
7. Sandbar	16. Shark
8. Silky	17. Spiny dogfish
9. Thresher	18. Tiger shark

23

Sharks

H	S	A	N	D	B	A	R	N	G	H	M	R	G	C
T	D	B	R	T	G	W	H	O	H	D	W	D	U	K
I	A	A	O	D	I	R	B	H	E	C	E	R	R	S
G	E	S	C	G	I	L	E	P	Y	P	L	A	X	O
E	H	K	Q	Q	I	D	P	A	P	J	H	D	R	I
R	R	I	I	N	L	I	U	I	T	S	I	L	K	Y
S	E	N	R	Y	T	O	T	S	E	W	F	W	G	J
H	M	G	J	E	O	K	F	L	K	A	H	T	V	U
A	M	W	T	K	C	Z	A	I	S	Y	C	I	A	M
R	A	I	A	A	A	H	K	R	A	H	S	J	T	Q
K	H	M	L	J	W	R	E	H	S	E	R	H	T	E
W	M	B	W	U	J	K	R	A	H	S	L	L	U	B
S	A	N	G	L	E	S	H	A	R	K	G	B	A	L
K	R	A	H	S	E	U	L	B	Y	S	K	F	R	J
B	X	S	C	O	O	K	I	E	C	U	T	T	E	R

1. Angleshark	10. Basking
2. Blacktipped	11. Blue shark
3. Bullshark	12. Cookiecutter
4. Dusky	13. Goblin
5. Greatwhite	14. Hammerhead
6. Mako	15. Sandbar
7. Shark	16. Thresher
8. Tiger shark	17. Whale shark
9. Whitetipped	18. Silky

Sharks

B	F	J	S	P	I	N	Y	D	O	G	F	I	S	H
I	W	U	D	Q	K	R	A	H	S	H	I	V	V	J
U	T	H	R	E	S	H	E	R	B	I	N	Y	B	M
R	N	I	L	B	O	G	W	U	D	T	S	A	E	N
L	F	F	F	P	Z	U	L	P	I	A	S	G	D	U
R	E	J	J	N	Y	L	E	G	N	K	A	H	G	R
D	K	M	K	E	S	M	E	G	I	M	J	W	R	S
O	R	I	O	H	W	R	L	N	O	I	S	R	E	E
L	U	G	A	N	S	E	G	U	T	D	A	Z	A	S
R	D	R	T	H	S	S	T	B	E	A	N	D	T	H
Y	K	N	A	H	H	H	B	N	P	S	D	S	W	A
K	H	R	A	B	V	A	Y	U	P	B	I	H	R
S	K	R	R	A	L	C	T	R	Q	X	A	L	I	K
U	K	K	M	A	K	O	H	I	K	G	R	K	T	R
D	K	B	F	J	D	R	O	P	A	E	L	Y	E	P

1. Angleshark	10. Basking shark
2. Bullshark	11. Dusky
3. Fins	12. Goblin
4. Greatwhite	13. Leapord
5. Lemon shark	14. Mako
6. Megamouth	15. Nurse shark
7. Sandbar	16. Shark
8. Silky	17. Spiny dogfish
9. Thresher	18. Tiger shark

25

Sharks

D	E	P	P	I	T	K	C	A	L	B	R	Q	P	D
N	K	Q	K	L	E	M	O	N	S	H	A	R	K	E
G	R	X	K	R	D	E	Y	K	L	I	S	S	Y	P
R	A	E	V	A	A	A	Q	R	D	L	X	H	F	P
E	H	P	K	E	J	H	E	W	Q	D	P	A	B	I
A	S	C	B	L	U	E	S	H	A	R	K	R	M	T
T	R	J	W	N	B	G	T	G	R	X	W	K	S	E
W	E	K	G	A	O	S	U	I	N	E	F	G	W	T
H	G	Z	F	B	A	L	Q	V	Y	I	M	B	I	I
I	I	A	L	N	E	N	Z	K	C	U	K	M	S	H
T	T	I	D	A	B	A	S	K	I	N	G	S	A	W
E	N	B	P	R	B	U	F	M	O	E	V	G	A	H
J	A	O	H	S	D	I	O	U	V	J	X	N	Y	B
R	R	S	P	I	N	Y	D	O	G	F	I	S	H	V
D	U	I	S	S	K	R	A	H	S	E	L	A	H	W

1. Basking	10. Basking shark
2. Blacktipped	11. Blue shark
3. Fins	12. Goblin
4. Greatwhite	13. Hammerhead
5. Leapord	14. Lemon shark
6. Sandbar	15. Shark
7. Silky	16. Spiny dogfish
8. Tiger shark	17. Whale shark
9. Whitetipped	18. Dusky

Sharks

R	A	A	L	B	D	V	C	Q	F	M	K	B	C	E
E	Y	E	U	U	G	J	K	Q	E	S	R	L	O	T
H	U	D	S	X	O	R	R	G	N	H	A	U	O	I
S	I	K	F	A	A	G	A	L	I	A	H	E	K	H
E	Y	H	G	B	N	M	H	S	L	R	S	S	I	W
R	J	Q	D	I	O	G	S	Z	B	K	E	H	E	T
H	I	N	K	U	F	S	L	N	O	T	S	A	C	A
T	A	S	T	O	I	P	L	E	G	J	R	R	U	E
S	A	H	O	L	Z	L	U	S	S	Q	U	K	T	R
B	H	C	K	A	S	B	B	F	M	H	N	Y	T	G
D	X	Y	K	H	I	W	E	N	C	Y	A	E	E	E
F	D	A	E	H	R	E	M	M	A	H	O	R	R	Q
Y	E	X	T	I	G	E	R	S	H	A	R	K	K	U
P	N	V	D	E	P	P	I	T	E	T	I	H	W	W
A	S	S	P	I	N	Y	D	O	G	F	I	S	H	I

1. Angleshark	10. Basking
2. Blue shark	11. Bullshark
3. Cookiecutter	12. Dusky
4. Greatwhite	13. Hammerhead
5. Megamouth	14. Nurse shark
6. Sandbar	15. Shark
7. Silky	16. Spiny dogfish
8. Thresher	17. Tiger shark
9. Whitetipped	18. Goblin

27

Sharks

G	G	H	S	I	F	G	O	D	Y	N	I	P	S	K
T	R	N	T	I	G	E	R	S	H	A	R	K	I	R
K	A	T	W	D	L	E	A	P	O	R	D	Y	L	A
R	B	K	H	E	N	W	B	D	U	S	K	Y	K	H
A	D	E	I	P	H	I	S	M	X	J	F	F	Y	S
H	N	B	T	P	W	L	L	G	U	Z	W	D	W	L
S	A	N	E	I	S	H	X	B	E	O	A	E	E	L
E	S	A	T	T	H	K	A	W	O	E	W	M	A	U
L	V	L	I	K	L	W	S	L	H	G	O	Q	G	B
G	L	S	P	C	C	Z	T	R	E	N	J	N	M	B
N	F	H	P	A	L	S	E	A	S	S	I	E	W	A
A	O	A	E	L	T	M	Y	H	E	K	H	I	P	R
K	K	R	D	B	M	O	A	P	S	R	V	A	A	R
O	A	K	F	A	V	R	R	A	E	L	G	A	R	L
L	M	R	H	A	K	F	B	L	Y	I	K	P	R	K

1. Angleshark	10. Blacktipped
2. Bullshark	11. Dusky
3. Goblin	12. Greatwhite
4. Hammerhead	13. Leapord
5. Lemon shark	14. Mako
6. Sandbar	15. Shark
7. Silky	16. Spiny dogfish
8. Tiger shark	17. Whale shark
9. Whitetipped	18. Basking

Sharks

B	B	N	X	P	K	R	A	H	S	E	S	R	U	N
D	A	K	R	A	H	S	R	E	G	I	T	K	F	X
A	S	S	P	E	T	I	H	W	T	A	E	R	G	D
E	K	R	H	W	Y	K	S	U	D	O	E	A	G	T
H	I	E	S	A	K	N	P	S	X	W	D	H	S	I
R	N	T	I	U	R	N	G	F	R	R	S	S	V	B
E	G	T	F	O	A	K	G	Z	O	W	I	N	N	T
M	S	U	G	F	H	D	R	P	M	R	L	O	U	L
M	H	C	O	S	S	X	A	E	U	E	K	M	P	E
A	A	E	D	C	L	E	M	I	H	E	Y	E	Z	S
H	R	I	Y	Y	L	N	K	T	G	S	Z	L	Z	Y
E	K	K	N	N	U	K	R	A	H	S	E	U	L	B
R	L	O	I	E	B	S	S	S	Y	B	S	R	O	V
V	G	O	P	D	E	P	P	I	T	E	T	I	H	W
E	K	C	S	W	H	A	L	E	S	H	A	R	K	T

1. Basking	10. Blue shark
2. Bullshark	11. Cookiecutter
3. Dusky	12. Greatwhite
4. Hammerhead	13. Leapord
5. Lemon shark	14. Nurse shark
6. Shark	15. Silky
7. Spiny dogfish	16. Thresher
8. Tiger shark	17. Whale shark
9. Whitetipped	18. Basking shark

Sharks

B	U	J	M	G	R	E	A	T	W	H	I	T	E	Y
P	L	H	F	Y	R	X	R	D	R	O	P	A	E	L
R	W	A	S	I	N	T	B	M	F	Y	X	B	N	N
K	E	C	C	I	N	I	S	R	G	Q	K	Y	J	T
R	G	H	O	K	F	S	L	M	G	X	O	L	N	N
A	N	W	S	O	T	G	D	B	A	M	W	U	S	U
H	I	Y	H	E	K	I	O	R	O	K	D	T	R	R
S	K	K	L	A	R	I	P	D	R	G	O	T	A	S
E	S	S	X	E	L	H	E	P	Y	C	O	P	B	E
U	A	U	Z	P	S	E	T	C	E	N	I	H	D	S
L	B	D	H	J	X	M	S	K	U	D	I	J	N	H
B	G	H	T	P	U	K	D	H	P	T	R	P	A	A
P	H	A	M	M	E	R	H	E	A	D	T	M	S	R
T	I	G	E	R	S	H	A	R	K	R	V	E	N	K
E	L	E	M	O	N	S	H	A	R	K	K	F	R	I

1. Basking	10. Blacktipped
2. Blue shark	11. Cookiecutter
3. Fins	12. Goblin
4. Greatwhite	13. Hammerhead
5. Leapord	14. Lemon shark
6. Mako	15. Nurse shark
7. Sandbar	16. Spiny dogfish
8. Thresher	17. Tiger shark
9. Whale shark	18. Dusky

Sharks

H	P	K	R	A	H	S	E	L	G	N	A	K	C	K
S	I	S	O	H	W	D	D	G	E	D	R	O	R	G
I	D	N	N	F	H	U	E	P	P	A	O	A	R	K
F	E	K	I	I	T	S	F	I	H	K	H	E	R	I
G	P	R	C	L	F	K	D	S	I	S	A	A	E	H
O	P	A	F	L	B	Y	N	E	R	T	H	W	N	A
D	I	H	F	X	L	O	C	E	W	S	J	L	T	M
Y	T	S	W	A	M	U	G	H	G	J	U	R	Q	M
N	K	B	E	E	T	I	I	N	R	E	Q	C	I	E
I	C	X	L	T	T	T	I	S	T	K	F	C	G	R
P	A	O	E	P	E	K	V	S	I	L	K	Y	O	H
S	L	R	A	H	S	R	E	H	S	E	R	H	T	E
R	B	P	Z	A	K	R	A	H	S	L	L	U	B	A
R	S	J	B	W	H	I	T	E	T	I	P	P	E	D
G	H	Q	F	S	C	W	R	E	Z	M	A	K	O	X

1. Angleshark	10. Basking shark
2. Blacktipped	11. Bullshark
3. Cookiecutter	12. Dusky
4. Fins	13. Goblin
5. Greatwhite	14. Hammerhead
6. Lemon shark	15. Mako
7. Shark	16. Silky
8. Spiny dogfish	17. Thresher
9. Tiger shark	18. Whitetipped

31

Sharks

I	D	A	Q	E	N	U	R	S	E	S	H	A	R	K
U	N	A	N	E	T	D	G	J	K	X	C	S	T	T
T	L	H	E	G	T	I	U	M	R	C	I	H	X	M
H	F	E	D	H	L	V	H	S	E	L	J	T	A	H
R	B	E	M	R	R	E	N	W	K	F	H	K	Y	S
E	U	D	L	O	O	E	S	Y	T	Y	O	S	Z	I
S	L	J	I	K	N	P	M	H	T	A	Z	N	R	F
H	L	P	R	M	J	S	A	M	A	P	E	J	Z	G
E	S	A	K	P	Y	N	H	E	A	R	R	R	C	O
R	H	Q	Q	C	B	L	Y	A	L	H	K	T	G	D
S	A	W	I	A	C	J	R	D	R	S	N	I	F	Y
E	R	K	R	A	H	S	G	N	I	K	S	A	B	N
M	K	W	H	I	T	E	T	I	P	P	E	D	O	I
Y	K	R	A	H	S	E	L	A	H	W	U	I	K	P
P	L	K	R	A	H	S	R	E	G	I	T	R	J	S

1. Angleshark	10. Basking shark
2. Dusky	11. Fins
3. Greatwhite	12. Hammerhead
4. Leapord	13. Lemon shark
5. Mako	14. Nurse shark
6. Shark	15. Silky
7. Spiny dogfish	16. Thresher
8. Tiger shark	17. Whale shark
9. Whitetipped	18. Bullshark

Sharks

C	Q	K	R	A	H	S	E	L	A	H	W	M	Q	C
N	K	R	A	H	S	E	L	G	N	A	C	E	V	E
I	W	R	T	I	D	R	O	P	A	E	L	G	Z	P
L	N	U	R	S	E	S	H	A	R	K	M	A	M	E
B	D	B	R	G	N	I	K	S	A	B	H	M	A	T
O	Z	M	S	K	A	K	J	R	J	K	W	O	K	I
G	U	M	N	I	W	O	R	D	R	J	Q	U	O	H
S	S	B	L	U	E	S	H	A	R	K	S	T	C	W
I	F	N	F	F	A	I	H	D	H	P	S	H	V	T
L	G	P	I	N	S	S	U	Z	J	S	T	D	N	A
K	K	W	D	F	R	S	B	S	I	T	L	V	N	E
Y	S	B	G	E	K	T	J	H	I	N	L	L	B	R
G	A	P	G	Y	J	T	O	R	B	L	L	M	U	G
R	L	I	H	A	M	M	E	R	H	E	A	D	O	B
F	T	H	S	I	F	G	O	D	Y	N	I	P	S	L

1. Angleshark	10. Basking
2. Bullshark	11. Dusky
3. Fins	12. Goblin
4. Greatwhite	13. Hammerhead
5. Leapord	14. Mako
6. Megamouth	15. Nurse shark
7. Sandbar	16. Silky
8. Spiny dogfish	17. Tiger shark
9. Whale shark	18. Blue shark

33

Underwater Beauty

Z	E	I	J	E	L	L	Y	F	I	S	H	J	N	X
Q	M	S	F	S	A	L	D	H	C	O	X	L	C	J
N	B	X	P	V	N	I	V	S	K	R	X	R	O	X
A	A	H	S	S	G	A	Q	Q	E	E	H	U	R	S
S	B	I	S	N	E	Q	J	T	Z	D	S	D	A	T
S	D	Q	S	I	L	Y	C	G	R	A	I	Z	L	I
A	O	H	S	I	F	R	A	T	S	L	F	Z	R	N
U	P	C	P	G	I	D	Y	W	B	G	N	I	E	G
G	P	V	T	X	S	W	L	K	C	A	W	H	E	R
R	G	O	R	O	H	J	T	O	T	E	O	S	F	A
O	R	V	J	W	P	T	Y	J	G	R	L	I	G	Y
U	C	L	E	L	O	U	H	C	V	P	C	F	A	Z
P	Z	M	O	L	L	U	S	K	S	U	R	W	P	X
E	S	E	A	H	O	R	S	E	L	J	Y	E	D	M
R	F	C	M	S	E	G	N	O	P	S	L	J	R	A

1. Angel fish	8. Coral reef
2. Goldfish	9. Jellyfish
3. Jewfish	10. Mollusks
4. Nassau grouper	11. Octopus
5. Red algae	12. Sea horse
6. Sponges	13. Starfish
7. Sting ray	14. Clown fish

Underwater Beauty

H	E	A	G	L	A	D	E	R	C	V	A	I	N	S
S	Y	A	R	G	N	I	T	S	F	D	J	D	A	J
I	W	R	E	W	A	H	S	I	F	R	A	T	S	N
F	N	H	U	C	O	R	A	L	R	E	E	F	D	A
Y	R	C	H	Q	L	E	K	M	C	O	A	G	P	S
L	P	C	N	S	S	O	O	W	C	W	J	O	I	S
L	T	Z	I	S	I	L	W	T	I	X	E	L	C	A
E	F	Z	M	U	L	F	O	N	X	K	W	D	Y	U
J	E	W	D	U	A	P	L	S	F	H	F	F	S	G
L	J	W	S	M	U	Z	S	E	G	I	I	I	K	R
O	S	K	P	S	D	A	M	G	G	T	S	S	R	O
I	S	K	H	O	X	K	G	N	X	N	H	H	H	U
E	S	R	O	H	A	E	S	O	X	I	A	W	F	P
I	Y	W	T	B	S	W	D	P	K	N	M	B	M	E
C	J	V	U	Q	P	J	Q	S	M	M	N	L	D	R

1. Angel fish	8. Coral reef
2. Goldfish	9. Jellyfish
3. Jewfish	10. Mollusks
4. Nassau grouper	11. Octopus
5. Red algae	12. Sea horse
6. Sponges	13. Starfish
7. Sting ray	14. Clown fish

Underwater Beauty

H	U	U	J	E	L	L	Y	F	I	S	H	R	R	R
P	X	B	S	L	V	E	T	F	M	F	V	M	E	T
V	P	S	G	H	D	K	S	I	E	Y	O	L	P	D
J	H	F	F	L	S	G	R	E	D	L	I	G	U	T
E	H	P	L	Q	S	I	R	Y	L	F	S	C	O	V
W	W	S	H	E	S	L	F	U	X	P	M	Z	R	U
F	Y	H	W	S	A	T	S	L	O	D	L	I	G	I
I	A	W	O	R	I	K	A	N	E	B	T	O	U	G
S	R	A	O	O	S	F	G	R	J	G	C	O	A	O
H	G	C	W	H	C	E	N	Y	F	T	N	Q	S	L
B	N	C	R	A	S	O	G	W	O	I	N	A	S	D
J	I	A	K	E	F	P	X	P	O	J	S	Q	A	F
M	T	M	X	S	D	G	U	E	L	L	N	H	N	I
O	S	D	Z	R	U	S	V	S	Z	X	C	M	S	S
R	E	A	G	L	A	D	E	R	Q	G	F	M	C	H

1. Angel fish	8. Coral reef
2. Goldfish	9. Jellyfish
3. Jewfish	10. Mollusks
4. Nassau grouper	11. Octopus
5. Red algae	12. Sea horse
6. Sponges	13. Starfish
7. Sting ray	14. Clown fish

Underwater Beauty

K	W	Z	H	S	I	F	Y	L	L	E	J	N	N	A
A	R	P	E	F	E	E	P	F	L	N	A	U	L	N
S	N	D	C	S	Z	N	E	X	P	S	I	L	S	C
Q	T	G	K	R	K	E	B	S	S	A	S	P	B	L
E	S	I	E	E	R	S	L	A	E	T	O	Z	A	O
D	O	E	N	L	R	Y	U	E	A	N	F	I	O	W
Y	R	C	A	G	F	G	C	L	G	F	F	N	U	N
Z	L	R	T	H	R	I	W	E	L	S	Y	M	Z	F
O	O	N	P	O	O	A	S	R	A	O	J	X	U	I
C	A	Z	U	K	P	R	Y	H	D	Z	M	P	O	S
I	A	P	X	I	D	U	S	T	E	R	N	X	X	H
N	E	H	W	F	M	A	S	E	R	C	K	J	H	T
R	A	V	Z	X	O	Z	J	E	W	F	I	S	H	W
U	T	K	J	V	C	H	S	I	F	D	L	O	G	B
H	G	E	P	G	H	S	I	F	R	A	T	S	G	D

1. Angel fish	8. Coral reef
2. Goldfish	9. Jellyfish
3. Jewfish	10. Mollusks
4. Nassau grouper	11. Octopus
5. Red algae	12. Sea horse
6. Sponges	13. Starfish
7. Sting ray	14. Clown fish

O	E	J	E	L	L	Y	F	I	S	H	N	Y	P	B
C	K	X	Z	D	V	C	M	B	S	R	L	P	H	S
T	S	H	X	E	C	L	O	W	N	F	I	S	H	K
O	N	A	S	S	A	U	G	R	O	U	P	E	R	S
P	V	P	Z	Q	O	K	S	A	A	Z	Z	Y	T	U
U	H	P	V	L	U	T	H	O	R	L	M	B	L	L
S	W	S	F	T	A	Y	Y	E	S	Y	R	E	P	L
X	P	I	I	R	U	H	D	T	Y	G	E	E	X	O
Z	M	O	F	F	S	A	I	Y	O	W	S	F	E	M
W	X	I	N	I	L	N	O	L	G	Q	R	Z	B	F
D	S	Z	F	G	G	E	D	O	A	E	O	X	K	T
H	D	W	A	R	E	F	G	J	K	U	H	O	L	V
C	E	E	A	H	I	S	Z	N	C	Y	A	R	Z	N
J	V	Y	T	S	O	U	K	O	A	E	E	G	J	S
I	A	I	H	T	X	J	Q	G	V	R	S	D	C	W

1. Angel fish	8. Coral reef
2. Goldfish	9. Jellyfish
3. Jewfish	10. Mollusks
4. Nassau grouper	11. Octopus
5. Red algae	12. Sea horse
6. Sponges	13. Starfish
7. Sting ray	14. Clown fish

Underwater Beauty

R	N	A	S	S	A	U	G	R	O	U	P	E	R	U
T	Z	B	H	S	I	F	D	L	O	G	T	A	I	S
C	Q	S	T	A	R	F	I	S	H	P	Z	H	Q	K
U	O	K	H	X	S	E	G	N	O	P	S	S	T	S
O	I	R	W	S	O	P	Y	L	N	F	E	T	Q	U
G	S	E	A	R	I	N	S	J	E	A	P	U	K	L
S	T	U	Y	L	M	F	O	B	H	Z	J	X	A	L
E	Y	A	P	O	R	V	Y	O	N	Q	Z	N	Z	O
A	A	U	X	O	W	E	R	L	J	P	G	K	F	M
G	R	R	Q	T	T	S	E	E	L	E	I	N	J	Q
L	G	A	V	Y	E	C	W	F	L	E	X	W	J	R
A	N	H	J	A	J	F	O	F	H	E	J	T	O	V
D	I	O	I	S	I	U	I	S	O	Q	B	X	D	P
E	T	Z	K	S	K	S	V	W	F	M	R	O	A	W
R	S	W	H	O	H	C	L	O	W	N	F	I	S	H

1. Angel fish	8. Coral reef
2. Goldfish	9. Jellyfish
3. Jewfish	10. Mollusks
4. Nassau grouper	11. Octopus
5. Red algae	12. Sea horse
6. Sponges	13. Starfish
7. Sting ray	14. Clown fish

39

Underwater Beauty

R	G	I	M	J	E	W	F	I	S	H	R	E	K	U
Y	O	S	Q	F	T	Q	D	O	Y	S	D	R	H	N
S	E	G	N	O	P	S	Q	E	E	I	R	E	Y	A
N	F	E	A	G	L	A	D	E	R	F	T	W	A	S
H	S	I	F	Y	L	L	E	J	S	L	Z	U	R	S
U	H	O	S	J	J	Y	S	U	P	E	I	U	G	A
F	S	L	S	K	K	F	P	R	A	G	F	W	N	U
X	I	I	E	S	S	O	B	W	R	N	I	A	I	G
C	F	G	A	Y	T	U	T	Z	W	A	H	Z	T	R
A	D	U	H	C	V	A	L	P	X	M	K	I	S	O
A	L	K	O	F	E	E	R	L	A	R	O	C	I	U
K	O	O	R	R	R	S	S	F	O	R	K	L	O	P
I	G	A	S	R	M	M	E	U	I	M	P	C	N	E
T	L	E	E	Q	E	O	F	D	M	S	C	N	P	R
B	H	S	I	F	N	W	O	L	C	I	H	B	M	K

1. Angel fish	8. Coral reef
2. Goldfish	9. Jellyfish
3. Jewfish	10. Mollusks
4. Nassau grouper	11. Octopus
5. Red algae	12. Sea horse
6. Sponges	13. Starfish
7. Sting ray	14. Clown fish

Underwater Beauty

R	T	K	C	H	S	E	K	O	C	T	O	P	U	S
N	E	D	C	S	W	G	S	T	K	L	V	N	A	J
C	U	D	Y	I	L	N	O	R	U	O	A	S	E	N
L	R	U	A	F	E	R	A	W	O	D	M	W	H	A
O	L	I	I	L	F	G	D	W	F	H	F	E	W	S
W	D	B	U	E	G	W	W	D	O	I	A	F	S	S
N	I	D	T	G	L	A	O	V	S	B	G	E	C	A
F	C	H	Y	N	K	C	E	H	F	P	A	E	S	U
I	H	C	D	A	Y	J	J	V	S	O	E	R	I	G
S	S	P	O	N	G	E	S	P	C	B	D	L	G	R
H	Z	J	E	L	L	Y	F	I	S	H	S	A	N	O
M	O	L	L	U	S	K	S	W	U	V	H	R	N	U
C	S	T	A	R	F	I	S	H	H	G	W	O	B	P
R	W	K	J	H	S	I	F	D	L	O	G	C	D	E
P	U	Y	A	R	G	N	I	T	S	H	V	M	K	R

1. Angel fish	8. Coral reef
2. Goldfish	9. Jellyfish
3. Jewfish	10. Mollusks
4. Nassau grouper	11. Octopus
5. Red algae	12. Sea horse
6. Sponges	13. Starfish
7. Sting ray	14. Clown fish

Underwater Beauty

Y	S	Q	K	S	J	W	X	N	H	C	U	R	S	N
P	U	Z	S	R	N	E	J	S	S	A	M	B	M	A
D	P	Z	F	E	E	R	L	A	R	O	C	G	G	S
J	O	Y	M	D	A	Q	X	L	T	O	E	O	U	S
X	T	A	D	A	Z	H	A	J	Y	P	R	Y	P	A
D	C	R	N	L	H	Z	O	M	Y	F	Q	L	O	U
H	O	G	P	G	Z	G	O	R	B	G	I	B	T	G
S	S	N	B	A	O	L	O	G	S	M	B	S	W	R
I	S	I	B	E	L	C	E	L	S	E	P	D	H	O
F	Q	T	F	U	D	H	Q	E	D	G	D	K	N	U
N	P	S	S	W	A	N	G	E	L	F	I	S	H	P
W	D	K	A	D	E	N	R	Z	A	F	I	U	S	E
O	S	J	A	M	O	J	H	M	H	I	D	S	Z	R
L	Z	O	G	P	S	T	A	R	F	I	S	H	H	T
C	Q	I	S	W	C	R	Z	H	S	F	K	U	D	J

1. Angel fish	8. Coral reef
2. Goldfish	9. Jellyfish
3. Jewfish	10. Mollusks
4. Nassau grouper	11. Octopus
5. Red algae	12. Sea horse
6. Sponges	13. Starfish
7. Sting ray	14. Clown fish

Underwater Beauty

R	S	T	A	R	F	I	S	H	V	X	Q	K	T	F
D	E	R	T	Q	E	H	S	I	F	Y	L	L	E	J
Y	C	D	E	P	G	N	C	F	U	F	P	Y	D	P
A	L	U	A	P	J	O	L	D	K	P	Z	H	I	U
R	O	W	B	L	U	P	L	E	C	H	N	C	X	E
G	W	G	E	F	G	O	W	D	F	R	J	Y	S	N
N	N	G	Z	T	A	A	R	E	F	E	T	R	E	U
I	F	E	Z	Y	N	N	E	G	W	I	O	F	G	B
T	I	S	C	N	N	R	G	F	U	H	S	Q	N	T
S	S	C	Y	J	L	F	I	E	A	A	Q	H	O	L
J	H	Z	T	A	O	S	R	E	L	E	S	J	P	M
S	U	C	R	Q	H	R	S	S	A	F	W	S	S	H
J	A	O	G	D	S	M	X	Z	W	T	I	B	A	J
R	C	R	G	U	M	O	L	L	U	S	K	S	A	N
E	I	J	H	S	U	P	O	T	C	O	Y	P	H	V

1. Angel fish	8. Coral reef
2. Goldfish	9. Jellyfish
3. Jewfish	10. Mollusks
4. Nassau grouper	11. Octopus
5. Red algae	12. Sea horse
6. Sponges	13. Starfish
7. Sting ray	14. Clown fish

Whales

C	F	L	U	K	E	S	I	L	U	S	G	F	S	P
O	J	O	I	F	S	I	W	V	E	N	N	M	W	T
H	D	J	I	S	A	N	Z	P	B	Y	I	I	B	N
B	F	N	U	R	Y	I	O	U	U	H	P	N	A	C
E	E	Y	A	Q	Q	X	L	U	F	C	P	K	Y	T
S	S	M	U	Z	M	L	H	J	T	A	O	E	T	A
Y	E	N	A	A	F	U	D	N	H	E	H	P	R	Z
I	C	L	M	M	M	J	S	Y	V	R	Y	D	T	N
L	D	M	O	P	M	D	J	D	E	B	P	E	Q	R
F	A	F	B	H	E	A	X	X	X	J	S	K	F	N
L	M	A	L	H	W	O	L	U	G	K	X	H	L	Y
H	C	W	T	T	U	O	L	S	O	N	R	C	A	W
K	N	O	H	E	K	W	L	S	N	F	V	C	C	C
B	O	A	C	Q	H	K	C	B	U	K	G	M	W	Z
T	Y	H	O	S	E	L	A	H	W	C	B	F	E	I

1. Blowholes	8. Breach
2. Bull	9. Calf
3. Fin	10. Flukes
4. Mammal	11. Mammals
5. Minke	12. Snout
6. Spyhopping	13. Toothed
7. Whales	14. Humpback

Whales

E	S	K	V	V	Y	N	Y	P	P	L	Z	F	J	K
T	S	L	O	Q	F	I	G	A	P	D	L	O	A	S
X	H	K	Y	W	H	F	R	A	T	A	F	I	C	Y
Z	D	A	R	N	N	Y	G	O	J	E	I	O	R	W
V	U	N	M	U	M	T	O	H	Y	H	W	U	E	K
F	L	U	K	E	S	T	P	E	T	W	V	L	M	H
Z	L	E	R	O	H	O	L	S	W	O	G	G	U	J
U	Q	A	Z	E	D	A	F	I	M	B	U	M	S	I
B	C	Y	D	E	H	A	Q	Z	I	O	P	G	M	M
E	A	G	G	W	T	N	L	W	O	B	I	I	U	X
W	U	L	E	A	Q	C	E	K	A	N	N	C	E	L
X	W	U	E	T	J	U	J	C	G	K	N	H	W	F
Z	L	F	B	E	L	J	K	O	E	L	Q	L	T	H
B	G	U	B	B	N	N	F	M	X	A	Y	G	N	N
P	O	L	A	R	S	E	A	S	C	R	K	E	P	J

1. Baleen	8. Blue
2. Bluewhale	9. Bowhead
3. Cow	10. Fin
4. Flukes	11. Gingo
5. Krill	12. Minke
6. Pod	13. Polarseas
7. Toothed	14. Humpback

Whales

D	D	I	B	Y	Y	H	Q	G	F	C	O	D	C	V
W	A	O	D	R	Z	H	V	A	L	Z	P	A	O	S
J	E	E	P	I	E	V	K	Q	U	Q	W	W	P	P
B	H	Y	W	X	H	A	F	N	K	R	Z	Y	X	N
M	W	W	P	U	X	I	C	D	E	F	H	B	I	M
I	O	N	G	N	N	J	E	H	S	O	L	Q	X	T
N	B	E	B	K	S	T	D	Q	P	U	A	T	G	R
K	Q	E	F	E	H	B	B	P	B	O	K	S	E	K
E	Q	L	L	M	H	L	I	B	I	D	C	Z	B	M
C	S	A	A	X	U	N	E	P	D	I	A	D	E	G
W	O	B	C	E	G	R	F	Z	A	L	B	N	A	Z
L	Z	A	Z	F	E	A	F	D	C	A	P	T	Q	V
F	U	D	L	C	F	J	C	U	C	P	M	U	P	F
I	A	M	D	O	V	S	Q	R	D	S	U	P	A	T
P	F	G	W	W	Z	D	Y	Q	O	D	H	K	F	J

1. Baleen	8. Blubber
2. Blue	9. Bowhead
3. Breach	10. Calf
4. Fin	11. Flukes
5. Humpback	12. Minke
6. Orca	13. Pod
7. Spyhopping	14. Huge

Whales

E	L	U	R	J	M	I	G	R	A	T	O	R	Y	Y
A	P	Y	U	O	G	O	Z	A	T	F	R	S	Q	N
Q	Y	H	B	L	U	E	K	N	A	L	Y	T	I	U
G	S	N	T	X	I	L	M	O	J	U	X	S	H	X
V	H	M	A	M	M	A	L	L	M	K	Z	V	L	D
K	D	Z	Z	R	T	O	O	T	H	E	D	A	L	G
W	B	H	U	M	P	B	A	C	K	S	A	T	U	C
L	Q	A	O	G	N	I	G	C	P	W	D	Q	B	Q
K	R	O	L	Z	E	U	Z	M	A	M	M	A	L	S
K	S	E	G	E	Y	R	X	O	R	C	A	V	B	Q
R	G	H	B	D	E	R	B	L	X	D	Q	T	R	I
O	H	F	P	B	Z	N	X	J	T	Y	U	I	Y	W
X	J	Q	S	B	U	J	M	I	N	O	U	G	D	G
G	D	Q	F	S	Q	L	L	V	N	K	J	Q	E	L
F	B	N	B	L	I	L	B	S	X	Y	U	C	H	M

1. Baleen	8. Blubber
2. Blue	9. Bryde
3. Bull	10. Flukes
4. Gingo	11. Mammal
5. Mammals	12. Migratory
6. Orca	13. Snout
7. Toothed	14. Humpback

Y	X	L	D	Y	T	F	L	A	C	S	V	Y	J	X
E	G	U	H	N	K	W	Z	Q	B	T	S	L	O	X
X	B	W	V	B	A	L	E	E	N	B	R	G	K	J
E	B	J	U	P	B	F	L	I	F	X	N	E	B	C
K	Y	C	Y	A	M	A	P	R	W	I	U	U	V	I
S	Y	W	G	A	M	C	S	B	G	D	L	P	O	V
O	P	P	P	M	T	E	E	R	F	L	H	S	I	L
W	T	E	A	P	I	I	Z	E	D	X	U	E	F	J
F	M	M	K	H	D	I	Q	A	H	L	M	L	C	N
G	R	A	Y	N	F	J	B	C	Q	K	P	O	Z	U
V	N	Y	C	M	I	X	L	H	B	X	B	H	M	P
M	L	L	Y	O	S	M	Y	S	Q	J	A	W	H	Z
E	X	H	B	Z	W	F	F	B	W	F	C	O	E	D
Z	L	S	Y	F	Z	J	D	D	V	C	K	L	Z	K
X	T	K	S	E	K	U	L	F	P	O	D	B	O	M

1. Baleen	8. Blowholes
2. Breach	9. Bull
3. Calf	10. Cow
4. Flukes	11. Gingo
5. Gray	12. Huge
6. Mammal	13. Minke
7. Pod	14. Humpback

Whales

B	T	L	N	C	B	Q	S	E	E	J	S	F	P	Q
N	L	Q	T	Q	P	X	X	W	U	V	A	C	R	O
L	X	O	K	U	D	U	O	A	L	B	U	L	L	W
Y	F	R	W	L	N	V	J	W	B	G	X	W	K	T
X	A	V	K	H	T	T	D	H	C	A	E	R	B	D
G	J	R	Y	E	O	A	V	L	L	J	A	B	L	W
N	F	N	G	F	E	L	U	X	M	A	X	A	U	E
I	B	M	R	H	W	R	E	U	P	T	M	H	F	F
P	L	T	W	O	B	V	S	S	B	G	C	M	N	V
P	U	O	A	P	K	R	I	L	L	A	X	C	A	N
O	B	J	B	L	O	W	O	O	V	N	L	E	Q	M
H	B	U	H	D	N	C	F	E	J	W	J	E	G	V
Y	E	G	B	L	U	E	W	H	A	L	E	F	E	Q
P	R	K	Y	N	G	W	K	D	M	R	S	M	Z	N
S	T	Q	M	V	L	X	F	C	K	L	Z	N	C	N

1. Baleen	8. Blow
2. Blowholes	9. Blue
3. Bluewhale	10. Bowhead
4. Breach	11. Bull
5. Gray	12. Krill
6. Mammal	13. Orca
7. Spyhopping	14. Blubber

Whales

L	Z	S	F	W	V	J	F	J	I	T	L	K	B	E
T	H	C	A	E	R	B	F	H	E	X	S	L	X	Z
U	C	I	E	T	I	L	O	P	H	D	W	J	U	U
E	G	U	I	L	U	Z	O	L	L	B	Y	U	E	B
B	D	C	M	K	A	L	G	L	Z	L	U	R	C	P
M	A	W	E	A	A	H	I	Y	D	O	Q	X	B	M
I	R	S	O	R	S	R	W	Y	L	W	H	G	F	E
Z	P	Q	S	C	K	A	D	E	Y	H	F	B	M	M
J	Y	E	Y	W	P	J	V	K	U	O	Y	Z	Y	Q
T	A	D	A	S	L	I	T	Y	X	L	H	Y	G	N
S	Y	W	R	G	I	N	G	O	Q	E	B	B	C	T
I	D	G	G	W	P	K	R	W	Z	S	Q	S	U	M
D	B	V	I	R	E	B	B	U	L	B	F	O	K	C
S	M	I	R	P	O	D	J	L	L	U	N	R	S	Z
U	Y	W	H	K	O	H	A	X	C	S	M	T	E	C

1. Blowholes	8. Blubber
2. Bluewhale	9. Breach
3. Bryde	10. Bull
4. Cow	11. Flukes
5. Gray	12. Krill
6. Pod	13. Polarseas
7. Snout	14. Gingo

50

Whales

O	S	Z	W	L	Z	I	E	B	Q	J	L	C	B	U
G	E	M	F	P	F	M	O	O	S	N	O	U	T	O
N	K	D	V	L	U	R	I	R	F	B	Z	M	H	F
I	N	H	Z	O	A	T	K	J	C	B	R	E	R	L
G	I	S	T	C	T	C	M	B	E	A	T	Y	P	U
C	M	Y	E	B	J	M	D	L	Q	J	Y	O	D	K
R	R	O	Z	L	V	Z	A	L	I	Y	L	U	X	E
G	E	X	J	W	O	H	M	B	E	A	N	P	N	S
I	H	B	Z	X	W	H	T	A	R	I	T	A	J	C
W	B	W	B	E	O	R	W	S	M	Q	M	B	G	R
G	C	L	U	U	Y	D	E	O	J	M	O	F	K	J
T	C	L	C	H	L	A	N	E	L	P	A	R	T	S
Z	B	D	H	D	S	B	I	Z	D	B	I	L	R	J
T	M	W	W	E	V	Z	F	F	Q	L	K	X	S	X
W	I	M	G	X	V	R	G	F	L	X	M	S	H	D

1. Blowholes	8. Blubber
2. Bluewhale	9. Bryde
3. Calf	10. Flukes
4. Gingo	11. Krill
5. Mammals	12. Minke
6. Orca	13. Polarseas
7. Snout	14. Fin

X	V	O	W	G	I	N	G	O	U	B	V	G	E	I
V	H	S	A	C	R	O	U	D	L	P	V	U	H	Z
Z	L	I	G	T	A	S	Z	U	V	O	L	M	J	N
B	Q	O	W	Q	L	S	E	S	S	B	P	P	O	D
C	O	Z	O	A	T	W	N	E	B	Y	S	B	I	P
I	V	I	M	L	H	M	X	L	R	S	N	Z	B	A
L	D	M	U	A	K	T	C	O	V	A	M	K	I	W
L	A	A	L	F	O	T	T	H	H	E	H	V	K	Y
M	H	E	E	O	Y	A	K	W	S	S	S	U	K	L
B	Y	V	T	H	R	K	I	O	E	R	S	L	G	Q
E	Z	H	A	G	W	E	W	L	L	A	N	N	C	E
C	E	W	I	B	L	O	X	B	A	L	O	W	E	H
D	L	M	X	Q	H	Z	B	Q	H	O	U	C	R	Q
S	Y	J	S	O	D	N	J	H	W	P	T	H	Z	Z
V	A	Q	B	M	D	M	E	P	J	K	F	Q	O	P

1. Blowholes	8. Blue
2. Bluewhale	9. Bowhead
3. Gingo	10. Huge
4. Mammals	11. Migratory
5. Orca	12. Pod
6. Snout	13. Toothed
7. Whales	14. Polarseas

Whales

V	B	G	X	O	R	M	A	M	M	A	L	S	H	V
S	X	T	W	A	B	K	O	U	B	E	L	U	T	P
T	G	H	S	R	A	R	J	B	O	G	G	E	Q	D
K	D	R	D	B	L	B	S	W	W	E	K	J	K	T
W	K	O	F	U	E	B	Z	O	H	Z	P	N	U	B
F	Y	A	Q	B	E	Q	A	H	E	E	C	X	L	S
B	Q	T	B	U	N	A	T	R	A	S	D	O	U	K
E	P	G	F	L	R	D	B	M	D	C	W	O	R	W
D	O	R	N	L	U	S	K	Y	D	H	M	I	K	S
Y	G	O	I	Q	G	S	L	Q	O	I	L	O	H	K
R	N	O	D	P	G	T	O	L	L	L	K	Y	G	A
B	I	V	J	H	G	R	E	W	H	A	L	E	S	H
P	G	E	B	G	U	S	A	G	I	G	B	D	V	R
B	N	S	I	B	S	T	Z	Y	W	N	Q	R	V	V
R	C	A	L	F	B	R	Q	E	K	N	I	M	Y	N

1. Baleen	8. Blowholes
2. Bowhead	9. Bryde
3. Bull	10. Calf
4. Gingo	11. Gray
5. Huge	12. Krill
6. Minke	13. Throat grooves
7. Whales	14. Mammals

Tiger

Q	K	R	N	V	F	X	R	C	P	K	N	E	Z	B
U	V	M	H	L	L	U	K	S	G	S	I	N	E	A
B	C	V	V	R	Y	J	G	E	P	S	G	O	E	L
D	L	E	R	F	T	T	Q	J	I	Z	H	B	S	J
A	A	U	T	N	E	G	Y	G	M	R	T	K	A	F
P	W	T	E	N	T	E	H	E	L	N	F	C	P	W
G	S	H	I	E	I	T	T	B	L	G	S	A	N	B
L	L	E	M	S	Y	O	B	B	K	L	B	B	E	B
J	F	G	R	P	I	E	J	C	Q	R	O	J	C	J
T	A	I	A	D	X	S	S	P	K	Z	T	W	K	U
W	B	I	B	I	X	I	U	O	I	I	A	C	S	T
S	F	Q	P	R	E	Y	H	Z	P	H	Q	T	W	B
M	I	F	W	M	T	Z	J	X	K	P	R	T	L	X
Y	F	A	T	Q	Z	Y	Z	P	J	Y	D	A	F	C
F	L	W	R	E	D	L	U	O	H	S	U	V	V	O

1. Blue eyes	8. Feet
2. Hipjoint	9. Necks
3. Night	10. Prey
4. Ribs	11. Shoulder
5. Sight	12. Skull
6. Smell	13. Yellow
7. Backbone	14. Claws

Tiger

N	B	C	B	L	U	E	E	Y	E	S	V	U	G	A
F	E	R	P	N	G	H	T	E	E	T	V	R	U	G
Z	D	Z	P	R	J	R	J	K	R	M	S	A	J	D
R	H	J	I	J	G	B	E	U	W	I	I	G	L	J
N	M	Y	E	L	L	O	W	G	O	G	Z	U	R	O
G	A	T	B	T	H	G	I	S	I	T	P	U	E	I
K	B	R	E	A	U	W	P	V	A	T	U	V	V	N
G	D	L	T	E	C	G	I	I	N	V	A	T	A	T
W	G	E	L	A	F	K	L	I	L	Y	Y	R	P	G
I	Z	K	K	E	M	I	B	A	A	M	O	K	Q	R
N	S	W	Y	Z	M	U	E	O	G	E	K	J	A	W
A	W	Q	B	C	G	S	S	E	N	W	K	O	F	D
P	S	K	U	L	L	J	R	U	E	E	R	D	P	R
P	Q	B	A	O	X	K	O	M	B	A	I	V	O	I
A	R	Q	N	J	C	S	S	T	M	B	D	Q	Y	O

1. Bengal	8. Blue eyes
2. Feet	9. Roar
3. Sight	10. Skull
4. Smell	11. Sumatran
5. Tail	12. Teeth
6. Tiger	13. Yellow
7. Backbone	14. Joint

Tiger

```
C Y E L L O W H F X V L R Z A
K D D B E N G A L N P K U T C
H E S K C E N N K A H Z R Y W
U S P A J F U A L D D A E O X
G E B R A O F J K W O R X M H
L N A S N T I R X R P K W U Z
Y I C G I Y Z N L E T M N N U
Y H K L H Z C Z T A G T D I O
A C B N C G U R I K I D Z Y J
O O O I H M Z L E N Y J M M P
Y D N G T E A T G G P F I T L
T N E H U G H W E N I W L G G
X I A T O X E O U E W T W E P
C H I G S S W H T L T H A T C
S Q E L R W Q Q G O G H P T G
```

1. Bengal	8. Hunting
2. Indochinese	9. Joint
3. Necks	10. Night
4. Prey	11. Southchina
5. Tail	12. Teeth
6. Tiger	13. Yellow
7. Backbone	14. Roar

56

Tiger

S	T	O	V	S	M	G	S	J	T	A	I	L	H	L
D	N	X	D	D	B	N	K	J	L	E	F	G	V	T
T	I	G	T	I	I	V	C	F	Y	L	A	J	N	N
S	O	Y	N	O	A	E	E	E	V	J	E	I	E	I
T	J	V	M	I	K	S	N	T	X	M	G	M	V	O
D	H	J	Q	M	T	E	F	E	D	H	I	Y	S	J
S	H	S	Q	I	J	N	Q	E	T	S	R	B	X	P
Z	B	T	Y	I	S	I	U	F	Y	B	X	T	B	I
Q	A	Q	E	Z	J	H	C	H	Q	D	K	Z	O	H
M	R	I	E	E	Z	C	O	F	W	R	J	S	K	T
H	S	I	G	H	T	O	M	U	J	G	B	Z	P	P
L	C	X	B	E	U	D	N	I	L	R	Q	C	G	X
C	X	P	S	M	C	N	Z	L	I	D	Y	Z	G	G
J	P	F	S	A	T	I	R	A	O	R	E	N	J	J
B	A	C	K	B	O	N	E	O	M	M	T	R	S	M

1. Feet	8. Hipjoint
2. Hunting	9. Indochinese
3. Joint	10. Necks
4. Night	11. Roar
5. Shoulder	12. Sight
6. Smell	13. Tail
7. Teeth	14. Backbone

Tiger

Y	C	T	E	E	T	H	V	T	N	I	O	U	H	J
B	N	O	H	V	Q	W	N	A	F	I	T	Q	F	E
C	E	C	N	C	Y	I	R	R	E	Z	E	J	D	B
D	C	E	S	P	O	T	M	Z	V	E	E	F	G	N
F	K	R	B	J	A	L	D	O	T	O	F	L	C	P
M	S	P	P	M	B	A	L	I	P	E	T	A	F	H
C	D	I	U	Q	V	E	H	I	H	D	T	F	D	J
Z	H	S	S	I	Q	W	N	E	E	L	P	I	R	O
Z	S	I	I	B	K	J	R	G	L	E	I	E	W	I
Y	H	J	G	A	H	A	L	E	A	T	D	O	G	N
V	E	I	H	K	O	S	M	X	J	L	I	X	R	T
H	G	L	T	R	Z	S	O	A	U	J	A	J	B	U
R	L	Y	L	I	X	G	G	O	L	L	U	K	S	P
P	J	K	O	O	T	U	H	O	D	P	T	S	A	Y
H	Q	C	K	N	W	S	G	O	T	Q	G	T	Z	I

1. Bengal	8. Feet
2. Joint	9. Necks
3. Roar	10. Shoulder
4. Sight	11. Skull
5. Smell	12. Sumatran
6. Teeth	13. White
7. Yellow	14. Hipjoint

Tiger

X	S	S	U	M	A	T	R	A	N	Q	Q	G	O	A
S	J	O	B	M	U	S	K	A	Y	R	N	D	N	B
K	Z	Q	Q	V	E	T	I	R	N	I	U	I	F	R
U	J	M	C	B	I	N	E	G	T	G	H	Q	D	G
L	O	R	C	Q	R	D	K	N	H	C	K	M	R	A
L	E	I	B	N	L	G	U	S	H	T	U	O	E	Z
G	Z	G	C	U	F	H	E	T	Z	S	A	L	O	G
E	U	X	O	S	S	Y	U	I	K	R	V	R	A	V
T	U	H	K	M	A	O	P	H	O	Z	R	I	S	U
I	S	L	E	E	S	V	G	T	E	E	T	H	V	O
H	Z	L	B	L	U	E	E	Y	E	S	C	W	D	C
W	L	P	D	X	A	H	I	P	J	O	I	N	T	T
K	V	D	R	L	S	B	C	Z	G	X	W	Y	G	R
J	X	R	U	E	K	L	E	Z	H	J	P	X	M	Q
N	P	E	T	Z	Y	B	I	Q	K	J	L	E	G	S

1. Blue eyes	8. Hipjoint
2. Hunting	9. Prey
3. Roar	10. Shoulder
4. Sight	11. Skull
5. Smell	12. Southchina
6. Sumatran	13. Teeth
7. White	14. Legs

Tiger

A	D	P	W	Z	Q	H	W	T	E	Z	K	D	X	M
T	N	I	O	J	P	I	H	E	C	T	R	S	L	N
U	L	Y	L	C	H	L	H	E	O	R	I	A	M	M
K	L	R	L	R	A	E	W	T	O	H	G	H	N	U
X	U	S	E	O	K	G	R	H	V	N	J	U	W	E
D	K	Q	Y	A	Y	E	H	M	E	N	S	I	R	S
W	S	V	C	R	F	O	L	B	U	T	J	Q	H	H
T	Y	E	R	P	V	F	W	A	G	R	K	S	Z	O
S	F	I	N	D	O	C	H	I	N	E	S	E	V	U
B	G	K	Y	V	O	X	R	T	Z	Z	O	B	X	L
I	G	D	M	D	G	N	I	T	N	U	H	O	U	D
R	H	J	Y	G	I	W	D	J	J	Z	B	O	W	E
I	R	V	M	V	W	B	A	C	K	B	O	N	E	R
R	P	O	O	T	Z	C	W	D	X	W	T	L	W	T
A	H	W	Y	Q	Q	N	A	R	T	A	M	U	S	X

1. Bengal	8. Hipjoint
2. Hunting	9. Prey
3. Ribs	10. Roar
4. Shoulder	11. Skull
5. Sumatran	12. Teeth
6. White	13. Yellow
7. Backbone	14. Indochinese

Tiger

S	X	W	P	Y	T	T	J	J	X	B	A	H	C	S
Y	E	W	R	Z	G	N	R	I	B	S	H	B	N	O
S	R	O	S	M	C	K	I	J	N	O	S	N	Z	U
K	Q	L	I	C	N	H	U	X	X	L	E	G	S	T
C	T	L	B	N	P	B	I	S	T	N	F	R	U	H
E	H	E	S	N	D	S	A	Z	D	A	N	J	M	C
N	G	Y	F	P	Q	O	E	K	B	V	I	D	A	H
Q	I	C	I	I	D	H	C	Y	A	K	K	L	T	I
L	N	G	L	E	T	Y	T	H	E	V	X	O	R	N
W	H	V	W	A	G	L	E	S	I	E	T	A	A	A
I	T	A	M	V	W	V	E	U	G	N	U	U	N	L
H	W	I	R	J	M	S	T	R	B	U	E	L	S	L
Z	M	L	G	S	S	W	H	W	Q	F	C	S	B	U
A	T	N	I	O	J	P	I	H	Z	L	I	L	E	K
Z	A	W	P	W	C	D	T	T	K	F	V	O	U	S

1. Blue eyes	8. Claws
2. Hipjoint	9. Indochinese
3. Legs	10. Necks
4. Night	11. Ribs
5. Skull	12. Southchina
6. Tail	13. Teeth
7. Yellow	14. Sumatran

Tiger

W	G	C	I	N	D	O	C	H	I	N	E	S	E	Y
M	S	Z	T	E	Q	R	X	G	N	I	T	N	U	H
D	U	O	T	W	S	A	H	Z	H	I	B	O	E	L
H	M	M	H	R	G	O	A	E	V	I	H	L	R	E
K	A	Q	G	N	P	R	N	B	S	A	V	V	N	U
Y	T	N	I	O	R	P	F	M	W	O	R	E	Y	J
K	R	K	N	E	R	N	F	E	V	F	C	E	L	V
K	A	J	G	Q	L	E	G	S	Q	K	L	Y	A	Z
Y	N	I	S	H	U	B	S	D	S	L	P	M	G	M
A	T	J	E	W	R	T	W	F	O	S	W	Y	N	U
N	D	T	L	R	D	M	A	W	G	U	E	V	E	B
N	Z	R	V	E	R	Q	L	Z	O	R	O	O	B	N
B	T	N	N	R	P	H	C	O	P	C	M	C	N	D
O	U	V	T	A	N	I	H	C	H	T	U	O	S	P
A	I	S	T	E	N	O	B	K	C	A	B	X	B	W

1. Bengal	8. Claws
2. Indochinese	9. Legs
3. Necks	10. Night
4. Prey	11. Roar
5. Southchina	12. Sumatran
6. Tiger	13. Yellow
7. Backbone	14. Hunting

Tiger

G	T	E	G	Q	P	K	S	V	Y	J	K	U	S	C
N	D	A	N	R	G	G	T	L	U	Q	V	A	Z	M
I	M	U	E	O	O	Y	U	D	D	Z	N	Q	Z	A
T	K	Y	P	N	B	O	Q	R	A	I	I	N	Y	P
N	Y	W	I	C	Q	K	D	B	H	J	O	I	N	T
U	D	A	U	O	S	H	C	C	E	R	G	O	E	Z
H	N	E	C	K	S	S	H	A	E	N	A	P	Z	P
W	W	M	K	Y	T	T	G	D	B	N	G	I	X	U
R	S	S	Y	E	U	A	L	E	R	A	D	A	I	D
B	C	C	P	O	T	U	A	F	L	I	L	I	L	H
K	G	L	S	V	O	I	C	O	B	R	N	B	S	T
I	U	A	O	H	K	L	H	S	W	E	L	U	W	E
C	I	W	S	R	A	O	R	W	N	B	D	C	Y	E
M	E	S	D	J	R	G	X	N	E	I	P	Z	Q	T
D	I	L	I	E	Z	J	W	L	G	S	X	Z	P	H

1. Bengal	8. Claws
2. Hunting	9. Joint
3. Legs	10. Necks
4. Prey	11. Roar
5. Siberian	12. Southchina
6. Teeth	13. White
7. Backbone	14. Shoulder